自分をもっと大切に

91歳
現役産婦人科医が
「医師として」
「人生の先輩として」
伝えたいこと

産婦人科医
堀口雅子

あさ出版

まえがき

私は今年（二〇二一年）で九十一歳になります。ありがたいことにこの歳になってもなお、産婦人科医として月に二回ほどの診療を続けています。

ただ、九十代の女性医師というのは、世間的にはよほど珍しいのでしょう。よく、「お医者さまのご家系ですか？」と聞かれますが、違います。私の実家は本屋（出版業）を営んでおります。父は三代目の社長として、日々忙しく、会社を切り盛りしていました。

私が医師を目指したとき、世間でいえばまさに結婚適齢期だったのですが、それを理由に両親に反対されることはありませんでした。

とくに母は、いつも私の背中を押してくれたものです。

これに限らず、少なくとも両親からは、私が何かをしたいと思ったとき、頭ごなしに反対されることはありませんでしたし、必要以上に干渉されることもありませんでした。

「女のくせに」と言われたことも、もちろんありません。

放任というわけでもなく、家族はいつも私の側にありましたし、いつでも話に耳を傾けてくれました。

だからよかったのだと思います。

〝話に耳を傾けてくれた〟両親の姿勢こそが、今日の私を形作っていったのだと、今、思い返しています。

ただ、家から一歩外に出ると、世界は違っていました。

「女だから」

という理由で道が阻まれそうになることが、何度も何度もあったのです。

今でも同じように苦しむ女性がいるでしょう。当時はそれに輪をかけて、女性が何かをしたいと思っても、「これまでなかったことだから」という理由で阻まれてしまう例は、無数にありました。

前例がないから当然といった顔で言う人もいれば、偏見や反発を持って言う人もいました。

時代の流れもありました。

私が医師になりたてのころは、完全な男社会で、女性医師に対する偏見や反対の声も少なくはなかった。そういう時代です。

また診療においても、性差医療という意識を持っていた医師はほとんどいなかったでしょう。

男性の医師が、自分が男性だからという理由でもって、女性の患者さんを見る「自分の目」を疑うことなど、なかったと思います。

ですから、女性医師の必要性を感じている人は少なかったのです。

だからといって、私の悔しい気持ちには変わりありません。

そもそも産婦人科といえば、患者さんは女性なのです。

同じ女性だからこそ、医師としてできることはたしかにあるはずだと、私は思っていました。

実際に、「先生に診てもらえてよかった。ずっと男性の先生に診てもらうのがつらかった」と患者さんに言われたこともありました。


前例がないなら、開拓していく。

私の人生はその連続だったように思います。


壁を突破するには、自分でどうにかやるしかないのです。

誰かが解決してくれるのを、待ってなどいられません。

その先に、女性である自分だからこそやれることがあると、わかっているのですから、なおさらです。

そして、私たちが男社会という〝けもの道〟を切り開いていくことで、次の世代の女性たちの未来は開けるだろう。

そう思ってきました。

私の人生は、道なき道を開拓し続ける人生だったのです。


女性の活躍がうたわれる今もなお、家族はもとより、男性の同僚や上司から、

「女のくせに」

「女は犠牲を払うもの」

「女は本来、家にいるもの」

「女が男より立場が上だとバランスが悪い」

といった圧力を受けたり、心無い言葉をかけられたりした経験が、女性であれば一度や二度はあるでしょう。

一生懸命仕事を頑張り、男性以上の成果を出しても認められない。

あるいは、認められるのは成果などではなく、〝特別な関係〟の女性ばかりということも聞きます。

仕事で理不尽な扱いを受けているうえ、家庭においても、家事や育児の負担は増える一方、という方も少なくないかもしれません。

そこに女性特有の「更年期」の症状などが加わり、「なんだかなぁ」と思っている方も多いかもしれませんね。

私はこれまで、医師としての知識と、一人の女性としての体験をもとに、思春期特有の悩みや、月経にまつわる悩み、仕事や家庭のこと、妊娠や出産への不安、子育てにまつわる葛藤、さらには更年期の苦しみなどを抱える女性たちに、寄り添ってきました。

まだ女性医師が少ない時代に医師になったからこそ、それが女性の産婦人科医としての私の役目だと思って、患者さんたちに接してきました。

女性だからこそ、女性たちが抱える心身の悩み、苦しみを理解し、寄り添える。

私はそう思います。

本書は、産婦人科医として、あるいは人生の先輩として、体や心に不調を抱える現代の女性たちに伝えたいことをまとめました。

本書のどこか一つでもいいのです。

あなたがこれからを生きる支えとなるものを見つけてくださったなら、幸いです。

もくじ

1章

前例がないなら、開拓していく。道がないなら、自分で作る。人生、その連続でした。

2章

女性だから、犠牲も我慢も仕方ない。そんな考え方が〝当たり前〟になるのは嫌です。

3章

その年代に応じた〝さまざまな変化や役割〟をうまく受け入れるのも大切です。

4章

私の開拓者としての道のりは、第一線を退いた今も、まだまだ続いています。

編集協力／玉置見帆
トビライラスト／あかませいこ

1章

前例がないなら、開拓していく。
道がないなら、自分で作る。
人生、その連続でした。

自由な環境で、気ままな次女として。

1章

前例がないなら、開拓していく。
道がないなら、自分で作る。
人生、その連続でした。

親元から離れて過ごした幼少期

幼いころのことを思い返すとき、頭に浮かんでくるのは、ある一時期、姉と弟と三人で、祖父に面倒を見てもらった日々です。

まえがきにも書いたように、私は本屋の娘です。

二代目の社長を務めた祖父は、父と母に、まだ若いうちに外国で出版について学んでくるようにすすめ、二人はヨーロッパへ行きました。その間一年と少し、祖父が私たちを預かったのです。

昭和のはじめのころのお話です。祖父は、ハイカラな明治生まれの男だったのかなと思います。

私は四、五歳だったでしょうか。

小学校にもまだ行っていないようなときです。

そのころ、私の朝は、起き出してきたら壁にかかっている両親の写真に向かって、「おはようございます」とご挨拶をすることからはじまりました。

たとえ離れていても、両親にきちんとご挨拶することを躾けたかったのでしょうが、そこはまだ小さな子どもです。習慣としてすっかり慣れてしまい、父母が帰国したあとも、母がそこにいるにも関わらず、壁の写真の母に向かって、

「お母さま、おはようございます」

と、日課のご挨拶をしてしまいました。そんな私を見て、母は少なからずショックを受けたなんていう笑い話もありました。

実は、祖父も父もお婿さんだったのですけれど、当時は周りにお婿さんと思わせてはいけないという風潮がありましたから、母は父を立て、支えておりました。そんななか、二人で過ごす海外での時間は、楽しく、かけがえの

ないものだったのではないでしょうか。

帰国してからも、海外で過ごした空気をそのまま私たちに伝えてくれました。

そうした環境で育ったからでしょうか、私は同年代のお友達のなかでは、自由に育っている子どもであった気がします。

家族にとってみれば、待望の第一子であった姉が生まれ、次に私が生まれたので、「あら、また女の子?」と少々、がっかりされたかもしれませんね。

その後、無事に跡継ぎの弟が生まれるという順番でもあったので、気ままで気楽な次女として日々を過ごしていました。

母も父も、自分たちの希望を押し付けたり、
「あれしろ、これしろ」とは言いませんでした。

偉かった「有言実行」の母

父とジュネーブへ行った母は、現地で妹を出産しました。

そのとき、当時の日本における出産と、海外での出産との違いに、母は驚いたといいます。

そのころの日本では、たとえば出産したあと、お母さんはお布団のなかで脚を縛って、とにかく静かに過ごすようにと言われたものでした。骨盤を大事にしなければいけないから、ということだったようです。

食事は質素なものがよいとされ、おかゆやお味噌汁くらいしか食べなかったといいます。

それが正しいとされていました。

ところが、海外での出産経験はまったく違うものだったそうです。出産したあともベッドで自由に過ごし、ベットの上にテーブルを置いて普通においしい食事をいただきます。脚を縛られて身動きがとれないなんてこともないし、これを食べてはだめ、なんて言われません。

日本で三人の子どもを出産した経験のあった母は、その違いに大変驚いたのだそうです。帰国してから、

「将来、子どもたちが手を離れたら、私は日本の女性たちのために、出産に関わる方面のお仕事をしたい。西洋のやり方を取り入れていきたい」

と、よく言うようになりました。

母が偉かったのは、有言実行だったこと。

私たち子どもが小学校を卒業し、ある程度手を離れ、自由な時間が持てるようになってから、母は夜になると自転車をこいで近くの助産師学校へ通うようになりました。そこに二年ほど通うと、看護師の資格がなくても助産師

になれるのです。

母は資格をとったら、自分で理想の病院を建てて、産婦人科医を連れてきて、自分は助産師として働こうと考えていました。

そこは経営者一族の娘ですから、夢を実現できるだけの資金はあったのだと思います。

しかし、はじめは賛成していた父が、やはり病院経営となると先行きが不安になったのか、次第にいい顔をしないようになりました。

はっきりと理由を聞いたことはありませんが、お婿さんとして会社を任された身ですので、自分の代で何かあってはいけないという気持ちがあったのかもしれません。

結局、母は夢を諦めざるを得なくなってしまいました。つらかったことでしょう。

では、そのことが、私がのちに産婦人科医になったことと関わりがあるかというと、実はそんなこともないのです。

母が私に夢を託すようなことを言ったこともありません。私がそう思ったこともありません。

先にも書きましたが、母も父も、私に自分たちの希望を押し付けたり、あれしろ、これしろとは言いませんでした。

ただ、医師を目指す私の背中をいつも押してくれた母の心には、何かしらの思いがあったかもしれませんね。

何もかも全部〝完璧に〟やらなくていい。
一番でなくても大丈夫。

医師を志した理由

私が自分の進路を考えはじめたとき、医師という道は女性が選ぶには非常に珍しく、また閉ざされた道でもありました。それでも医師を志した理由は、幼いころの体験にあったのだと思います。

私はとても体の弱い子でした。

そのため、幼いころから聖路加国際病院に大変お世話になっておりました。そこで緒方安雄先生という立派な小児科のお医者さまや、優しい看護師さん方と出会ったことで、「お医者さんになりたい」と思うようになったのです。いただいた注射器に水を入れて、お人形さんの腕にブスリと刺すなんていう、お医者さまのマネごとをして遊ぶような子でした。

のちに私が、女性には難しいとわかっていても、医学の道に進むことを諦められなかったのも、「あの立派な先生のようになりたい」と思えるお手本となる方が、身近にいらっしゃったからだと思います。

さて、医師になるためには、当然、医学部に進まなくてはなりません。ですから、私も医学部も目指したのですが、その当時、医学とは男性ばかりの世界でありました。

女性だから合格できないというようなことは、なかったと思いたいのですが、実際、女性に対して門戸を閉ざしている大学は多かったと思います。

東京で受けた試験は全部落っこちてしまいました。

だからといって、諦めません。

なるべく東京から近い、女性でも入学可能な医学部のある大学はないかと探したところ、群馬大がありました。そちらを受験して、幸いにも合格できたのです。

六十人くらいのクラスでしたが、そのうち女性は三人だけ。ちなみに、私以外の二人の女性は成績トップクラスで、私はビリでした。

彼女たちは真面目だから、とことん勉強したのでしょう。でも、私はギリギリでも受かればいい、と思っていました。


ギリギリであっても、合格さえすれば、やりたいことをやれます。

目的は合格したその先にありました。一生懸命勉強はしましたが、ギリギリでいいのだから、何もかも全部完璧にする必要はないですし、一番でなくたっていいのです。


本当にやりたいことは、その先にあるのですから。

そう思っていました。

男性ばかり。女性ばかり。
そんなふうに偏らない方がいい。

女だけの視野でものを考えたくない

当時のことをお話すると、「東京女子医大は受けられなかったんですか」と聞かれることがあります。たしかに、そのころ女性が医学を学ぶ場合、東京女子医大に進学する人も多かったのです。

東京女子医大は、今も昔も素晴らしい学校です。

でも、私は嫌でした。

男性と女性に差があるのは嫌でした。

男性も女性も、同じように学べる環境がよかったのです。

ですから最初から、女性しかいない学校に行くつもりはありませんでした。

1章

前例がないなら、開拓していく。
道がないなら、自分で作る。
人生、その連続でした。

私は、女学校を出てから、まず薬学を学ぶ学校に入りました。終戦直後ですから、兵隊さんたちがたくさん戦地から引き上げてきていたころです。男性の医師もたくさん戻っていらっしゃいました。男性の医師があふれてくれば、女の医師などちっぽけなものです。存在感がありません。終戦のころとはそういう時代で、女性が医師になる道が開かれていたとは言い難かった。

そこで、私は薬学を学ぶことにしたのです。

できれば男女一緒に学べるところがよかったのですが、当時はありませんでした。

そこで、男子部も女子部もある東京薬学専門学校を選びました。校舎は新宿と上野という別々の場所にあったものの、交流はありました。

私は、女だけの視野でものを考えたくなかったのです。

男性ばかり。女性ばかり。

そんな環境では、考え方に偏りができてしまいます。

やはり一緒がいいんです。

一緒に学び、意見を交換することで、お互いの共通点を見つけることもできれば、まったく異なる一面を発見することもできます。

だから、偏らないのがいいのです。

「やりたいようにしなさい」

両親は背中を押してくれました。

二十六歳で医学部を受験

女学校というのは、文字通り女性しかいません。ですから、女学校を出たあと、薬学を学びながら男性とコミュニケーションがとれたのは貴重な体験でした。

男性とはどんなものなのか。

どんな考え方をするのか。

どんな生きものなのか。

この時期に得られた交流から、だいたいのところはわかったものです。

薬学を三年間学んだあとは、家から近いという理由もあり、東大の薬学で研究する道に進みました。薬剤師として薬局で働くよりも、研究の道を選んだのです。

男性ばかりの研究室に入り込んだ形でしたが、「恋はＮＯ！」ということで、研究一辺倒の日々を過ごしました。

そこで私が研究対象としたのは、ホルモンです。

もともと医学部に行きたかったという思いがあって、薬学であっても医学に近いことがしたいと思ったからです。

研究を続けるなかで、男性にも女性ホルモンが必要であるし、また女性にも男性ホルモンが必要であることがわかりました。

そうして五年、女性と男性の違いを生物学的に研究するうちに、

「やっぱり医師になりたい」

という思いを諦められないと気づいたのです。

群馬大の医学部に入学したのは、もう二十代も半ばを過ぎたとき。卒業す

るときには三十歳になる年齢でした。

先にも書きましたけれど、普通だったら嫁に行かされる歳です。しかし両親は、研究一辺倒の生活を送り、さらに医師を目指したいと伝えた私に「いいよ」と言ってくれました。

別に、無理して結婚しろなんて言わない。

やりたいようにしなさい。

そう言ってくれました。


ところが、東京ではどこを受験しても落ちてしまって、では国立で他にないかとあたってみたら、群馬大学に合格できたのは、先にも書いた通りです。前橋ですし、そこまで遠くもありません。

しかし、下宿はしなければならない距離です。さすがに父は反対していたけれど、母は「いいよ、いいよ。行きなさい」と、変わらず背中を押してくれたのです。

無事下宿も見つかって、私の学生生活がはじまりました。

同学年の学生たちより、四、五歳年上だったからでしょう。夜中に「おーい、おばちゃーん」と同級生の男の子が誰かしらやってきて、お腹が空いた、ご飯を食べさせてくれとせがむものですから、せっせと作ってやっていた思い出があります。

やってくるのは、クラストップの成績でみんなの面倒をよく見ている人であったり、いつも自信なさげにしている大人しい人であったり、いろいろでした。

前例がない。
それは「できない理由」にはならない。

「女は入れない」と言われたとき

大学で得たことは学業をはじめたくさんありましたけれど、その一つに馬術部に入部したことがありました。

私は午年《うまどし》だからでしょうか、小さいころから馬が好きなのです。親戚が馬術をやっていて、馬に乗って柵を飛び越す様子を見ていたので、とても憧れていました。いつか自分もやるぞ、と心に決めていたのです。

ですから、大学に馬術部があることを知って、すぐに入部を願い出ました。

そうしたら、

「女は入れない」

と言うではないですか。入部を拒否されてしまいました。それまで馬術部に女性がいたことはないから、という理由でした。

だからといって、私が入部できないわけはありません。

私は「そんなはずはない」と言い張って、食い下がり、押し切って、何とか入部を認めてもらいました。

そんな経緯もあり、最初はなるべく遠慮して小さくなっていましたが、だんだん主張するようになり、大きく振る舞うようになり、結局は部長まで務めました。

私たちのあとに医学部に入ってくる女性は、やはりクラスに三人くらいのものでしたけれど、馬術部に入部してくれました。私がいましたからやりやすかったんでしょうね。

あとに続く女性たちの道を、切り開くことができたのだと思います。

なによりとても楽しかった。いい思い出です。

女性だから、できない。
そうであってはいけないのです。

一度は断られた医局に入れたワケ

医学部で学んだのち、東京逓信病院で一年間のインターンを経験しました。
さて、次はどうしようか。
医師としてお仕事するためには、どこかの医局にお世話にならなければなりません。

実家は東京にありますから、勤めるなら東京がいいと考えていました。
そこで、東大産婦人科の医局に連絡を取りました。東大で行われている研究には興味深いものが多かったですし、なにより私自身、かつて東大の薬学で研究をやっていたので、古巣ともいえます。

しかし、医局の返事は、

「これまで女性の医師はいませんでしたから、無理です」

というものでした。


無理と言われたら仕方がない。

でも、それが「女だから」という理由なら、納得できるものではありません。怒りで受話器を持つ手がわなわなと震えるほど、非常に腹が立ちました。

しかし、しばらくたったころ、当の医局から電話がかかってきました。

曰く、

「あなたを医局に入れてあげますよ」

と言うではありませんか。


医局が手のひらを返したのは理由がありました。

東大卒業後、東大の産婦人科で勉強して地方開業した医師の娘さんが、その年、東大を卒業して、さらには東大産婦人科の医局に入りたいと希望しておられたそうです。こういう事情がありますと、東大としては、私に言ったように「女性だから」という理由で断るのは難しい。

ただし、女性一人だけというのでは、当の女性も周りも大変でしょう。というわけで、添え物として私も入れてあげますよ、というからくりでした。

釈然としないものはありましたが、きっかけはどうあれ、東大医局の門戸が女性にも開かれることになったわけです。私の希望は叶います。

その年、私を含めて三人の女性が東大産婦人科の医局に入ることになったのです。

「女性同士だから恥ずかしさがない」と
言ってくれた患者さん。

「男性」であることを前提にしていた医局

女性が初めて東大の医局に入ることになって、周りは戸惑ったでしょうね。私たち三人以外の他の先生方は、みな男性です。当時の病院側は、医師が男性であることを前提に成り立っていました。

折に触れて、その影響が私たち女性に降りかかったものです。

たしかに、仕事をする上では、男女の区別はありません。

たとえば、緊急の帝王切開などに備えて、毎晩三人の医師が当直するのですが、当然、女性専用の当直室など用意されていませんでした。

女性への気遣いもあったかもしれないけれど、男性たちも同室の女性に寝顔を見られたくないという思いがあったようで、新しく女性用の当直室が作られました。

また、医局に入って一年ほどしたころのこと。

一年間医局で勉強した医師は、みな他の病院へと派遣されていきます。派遣先には、医師一人、看護師一人という小さな病院もあります。

でも、それまでは女性の医師が派遣されることがありませんでした。ですから、初めて女性を派遣するとなると、受け入れる方もどう対応していいかわからないのです。

医師も看護師さんも、女性の医師にどう接していいかわからない。迎え入れる環境も整っていない。

結局、私たち三人の女医を受け入れてもらえるところがなく、派遣してもらえませんでした。

しかし、そんなわけがないのです。

それでいいわけがありません。

学んだことは、男性も女性も同じです。

なにより同じ医師なのです。男性と同じように、女性である私たちも、派遣先で勉強する機会を得ることは、とても大事だと思いました。

これはもう、自分たちで受け入れ先を開拓していくしかない。

方々に相談し、声をかけ、そうして何とか、医師が一人しかいない病院に、女性の医師が一人派遣されるところまでこぎつけたのです。

病院にしても、それまで女性医師を受け入れた経験がなかったのですから、最初はやりづらかったと思います。

ただ、ここでまたも役立ったのは、私のさっぱりとした性格でした。

女医を今まで見たこともない患者さんに、最初のころはよく「看護婦さーん」と呼ばれました。病院の医療職といえば、〝看護婦さん〟という認識だったのです。

私も別に「医者です!!」と言い返したり、主張することもなく、「はい、はーい」と返事をして、患者さんに接していました。

あとで、「えっ、お医者さん？　女性のお医者さん⁉」とびっくり仰天されることが多かったのは、今では笑い話です。

病院の経営者も看護師さんも、そのうち当たり前のように受け入れてくれるようになり、「女性同士だから恥ずかしさがない」と言ってくださる患者さんもいらっしゃいました。


こうして、どこへ行っても女性の居場所を開拓し続けることになったのです。

2章

女性だから、犠牲も我慢も仕方ない。
そんな考え方が〝当たり前〟に
なるのは嫌です。

仕事も、子育ても、諦めない。
できることは必ずあります。

ないなら作ればいい！

私が結婚したのは、三十八歳のとき。医師として八年のキャリアを積んでからのことです。同年代の方たちと比べたら、当時としてはかなり遅い結婚だったでしょう。

夫は三十五歳。年齢は薬学を学んで廻り道をした私の方が上でしたが、医局では夫の方が先輩でした。先輩医師としても指導者としても、尊敬できるところがたくさんありましたし、なにより患者さんに優しかった。独身主義というわけではありませんでしたし、それこそ「いいご縁」があったからということでしょう。

その後、三十九歳で長男を、四十二歳で次男を出産しました。超高齢出産です。

今となっては、三十代後半から四十代で初産という方も、珍しくはなくなりましたが、当時はさほど例がなかったと思います。

ただ、兄弟姉妹が五人、六人というご家庭も多かったので、五十代になってから出産されるお母さんはいらっしゃいましたね。

私も夫も夫婦そろって産婦人科医で、いろいろなお産を経験していましたから、いざ自分の番となっても、今さら慌てることはありません。

子宮筋腫などの問題がないことも検査済み。落ち着いて出産に臨めました。

ちなみに息子は二人とも夫がとり上げてくれました。


仕事は続けていくつもりでしたから、産前・産後に休暇をとり、その後復帰しました。産休の取得も、私たち以前にはそうなかったことです。ある意味、先駆者といえるでしょう。サポート体制も十分ではありませんでした。

実家の向かいに住んではいましたが、四六時中子どもを預けることはできません。乳母を雇うという方法もありますが、クローズした環境で育てることはあまり気が進みませんでした。

できればいろいろな人と関わりながら育ってほしい。そう思って保育園のある病院を探したのですが、ちっとも見つからないのです。預ける場所がなくて、長男が七か月になるまでは休職することになりました。

一方で、私と同じように子どもの預け先に悩むお母さんは、たくさんいました。働こうにも、条件が整わないため働けないお母さんが多かったのです。

それなら、作ってしまおう。

ということで、同じ悩みを抱える仲間たちと一緒に保育園を作りました。家と、当時勤務していた虎の門病院の間にある立地でしたので、休暇が明けてからは、朝は園に子どもを預けて、病院へ向かうようになりました。

そうして仕事を再開してみると、虎の門病院にも、同じように子どもの預け先に悩むお母さんたちがたくさんいることに気づいたのです。

それは、病院に勤める看護師さん・薬剤師さんや他の女性医師たち。

ただでさえ激務の上、仕事は昼夜を問わないということもあり、私と同じように大変困っていました。

そこで院長とかけあって、虎の門病院のなかに保育園を作ってもらうことにしたのです。

名付けて「虎の子保育園」。

はじめはあまり乗り気でなかった病院側も、保育園ができてからはそれを売りに働き手を募っていたようです。

その後のお母さんたちが、安心して仕事ができるような道を作れたことは、とてもよかったし、うれしいことでした。

我が子を腕に抱いたことで、
患者さんのお子さんに対する思いを
理解できました。

「産んでよかった」と心から思う一方で

保育園がないなら、保育園を作ってしまおう。

これもまた、一つの開拓であったでしょう。


こうした動きは、時代が必要としたものでもありました。働く女性が増えていた時期のことです。

子どもを産み、育てながら、仕事も続けたい。

そう希望する女性が増えていました。ただ、環境がそれを許さない場面も多かった。誰かが突破口を開く必要がありました。


それに環境が整ったとしても、子どもを育てながら仕事をするのは並大抵のことではないのだと、実感する日々でもありました。

とくに、子どもが夜寝てくれないのが本当につらい。おむつを替えても、お乳をあげても、寝てくれないときはちっとも寝てくれません。

こちらは翌朝になれば仕事に行かなければならないけれど、子どもにはそんなこと関係ないのですから。


子どもは本当にかわいい。

でも、ふいに憎らしく思えてしまう。

世のお母さんたちの苦しみを、身をもって知ったものです。


もちろん産んでよかったと、心から思ったのも本当です。

赤ちゃんという一人の人間が育っていく間の変化は、とてもおもしろいのです。私の言葉や表情、動きに見せるかわいらしい反応一つとっても、見事なものです。

我が子を腕に抱くことで、患者さんたちのお子さんに対するさまざまな思いを理解できるようになりました。

また、子育ての経験を通して、女性が子育てと仕事を両立するには、パートナーの協力が不可欠であることも、よくわかりました。一人の力では、どちらもうまく回すことはできません。

幸い夫は子育てにも協力的な人でしたから、保育園の送り迎えも分担してやってくれたものです。

もっとも、子どもたちはどう思っていたのでしょうね。

両親が側にいられない分、たとえば学校から帰ってきた子どもたちを誰に迎えてもらうのか、子どもたちの周囲にどんな大人にいてもらうのかには、かなり配慮しました。しかし、どんな気持ちで過ごしていたのかを、子どもたちにあらためて聞いたことはなかったと思います。

そういえば、こんな日もありました。

ある日、私が家に帰ると、保育園のお迎え当番だったはずの夫が、一人家にいるのです。

「今日は私の当番じゃないよ。あなたでしょう」

「え？　置いてきちゃったなぁ。じゃあ、二人で迎えに行こう」

と、慌てて迎えに行くと、子どもたちは園長先生においしそうなおやつをいただいて、二人でニコニコしていました。

私たちは先生に平謝りでしたけれど、子どもたちは楽しそうに見えました。

迷ったら、今まで歩いてきた道を
少し外れて考えてみたらいい。

やり方を変えることを怖がらないで

子どもを産んで、仕事もしたい。

でも、子どもを産む前と同じように仕事をしようとしても、うまくはいかないものでした。先にも書いたように預け先が見つからず、仕事に出られない時期もあったのです。

仕方がないとわかっていても、悔しかった。

ただ、そもそも仕事に就いたときは、結婚のことも、子どもを産むことも、私の頭にはありませんでした。

ある程度は自分の都合で、自分の時間を仕事に割り振ったり、生活に割り振ったり、趣味に割り振ったりできましたし、その状況を前提に自らのキャリアを考えていたものです。

でも、子どもができたら、まったく同じようにはいきません。同じでなければと思うほど、自分がつらくなります。子どもがいるなら、それに適した働き方があるはずです。

それはもしかしたら、最初に自分が思い描いていたキャリアとは、異なるものかもしれません。

でも、変わることは必ずしもマイナスだけではなく、プラスになる面もあります。変化をプラスにしていく。その方法をあらためて考え直すというのも、子育てと仕事を両立させるための一つの賢い道ではないでしょうか。

やり方を変えるとなると、手放さなくてはいけないことだって、きっとあるでしょう。今までになかったことをしようというのですから、大変なことには変わりない。
しかし、変わるまいと頑なになるよりは、いい解決法が見つかりそうではないですか。

パートナーと一緒に考えることも大切です。
共働きの夫婦で、子どもが産まれたのであれば、やはり夫も妻も同じように子育てに関わっていくことができればいいと思います。

もちろん、子どもへの関わり方という面から考えれば、男と女は立場が違うものですけれど、それでもやり方次第で分担してこなすことはできます。二人で育てるという共通認識があれば、話し合って、お互いが納得できるやり方を見つけられるはずです。

ただ、妊娠し、出産したあと、眠気と戦いながらおむつを替えて、授乳をして、寝かしつけて、しばらく家にいざるを得ない女性の悲しさ、悔しさを、本当の意味で理解してくれる男性がいるかどうか。

難しいかもしれませんね。

わかり合えるとしたら、同じ経験をした女性同士でしょう。

女性には、耐え忍ばなくてはならないことも、たしかにたくさんあります。もしかしたら、男性にだって我慢したこと、苦労したことがあるかもしれないけれど、仕事と子育ての両立という点では、やっぱり女性の方が大変じゃないかしら。

私はそんなふうに思うのです。

大きな声を上げることだけが、
状況を変える唯一の方法ではありません。

戦わない方が勝てるときもある

何か新しいことをしようとするたび、

「女性だから」

という理由でできないことは、いくらでもありました。

家族はそうでなくとも、周囲や世間が、

「女性が犠牲を払うもの」

「女性は本来、家にいるもの」

といった圧力をかけてくることもあります。男性の同僚や上司から、そんな言われ方をした覚えもあります。現代であっても、女性であれば一度や二度は、そうした心無い言葉をかけられた経験はあるでしょう。

腹が立ちます。

そんなわけがないと思います。

しかし、考え方に偏りのある人たちに強く反対したところで、事態は何も変わらないし、物事は何も進まないというのも、私はよくわかっています。

そして、彼らの凝り固まったものの見方を変えるのは、簡単なことではありません。彼らの考え方を正すために、私が自分の時間を割いても、それがいい結果になるとも思えません。

反論したり諭したりと頑張ったところで、骨折り損です。

だから、頑張り方を変えてみたらいいと思います。

自分がその場にあること、そこで働くことが、自分にとっても周囲にとっても当たり前であるという状況を、作っていくのです。

自分の存在する場所、仕事をする場所を、自ら作っていくのです。

女性だって男性と同じように仕事をして、当たり前に育休をとって、当たり前に復帰する。そういうものなのだという風潮を、その場に作っていく。一人で頑張る必要はなく、一緒に働く女性たちと協力して、それを形作っていくこともできます。

みんなで当たり前という顔をして、当たり前に振る舞っていれば、やがてそういう雰囲気を作っていけるかもしれません。


同時に、仕事において結果を出すことで、女性である自分がその場にあるのがいかに価値あることかを、示していく必要もあるでしょう。

大変な面もありますが、その方が、自分にとって居心地のいい環境を整えやすいように思います。

大きい声を上げて強く反論したり、意見を戦わせたりしなくとも、状況をよい方向へと向かわせる方法はあるのです。

合わない人からは、離れる。

心身ともに距離をとるのがお互いのため

「女なんだから」

という理由で道が阻まれそうになることは、何度もありました。前例がないから当然といった顔で言う人もいれば、偏見や反発を持って言う人もいました。


女性だから差別される。

そうした男女の隔たりを克服するのは、人間的な豊かさなのではないかと思います。男であるか女であるかにこだわる人というのは、そもそも大したことのない人なのです。ずっと付き合っていく必要などありませんですから、離れます。

同僚や上司ともなれば完全に関わりを断つのは無理だけれど、付かず離れず、親しみを持たず、無視できるところは無視しながら、付き合っていくようにします。


こうして、〝離れる〟という選択肢を持つこと。

それが大事です。


私が医師になったころ、そこは完全な男社会でした。

数少ない女性のなかには、互いが女性であるというだけで、ぴったりくっつくようにして仲良くあろうとする人もいましたが、そういう人からも離れるようにしていました。

お互いがそれぞれの活動分野を持っていながら、ある部分においては親しく付き合うという関係性の方が、自分自身の人間性を高めることにつながるだろうと思います。相手が異性であっても、同性であってもそうでしょう。

同じように、人間性が合わないと思えば、どんな立場の相手であっても、なるべく離れるようにします。一緒にいても心穏やかにいられませんから、心身ともに距離をとるのが、お互いのためです。


もっとも、離れるためには、離れられるという自信がなければ難しいもの。

その人以外に、つながりのある人がいる。

その人と一緒でなくとも、満足のいく仕事ができる。

その人がいなくても、困ることはない。

つまりは、日々、自分の人間性を高めることが、「離れる」という選択肢を選ぶ余裕をあなたに与えてくれるのだと思います。

なぜ、許されるのは「男性」ばかり？

夫も妻も負担は平等でやっていく

仕事であっても、子育てであっても、男性も女性も同じように、同じ負担でやっていく。それが理想ですけれど、そうはうまくいかないからこそ、今も昔も悩む女性がいるのだと思います。

先にも書いたように、私の夫は仕事への理解もあったし、子育ても一緒にやってくれたので、私はとても助かっていました。

この話をすると、

「当時としては珍しい奇特な旦那さんだったのでは」

とよく驚かれます。

古い時代の男性は何もしなかった、という印象が強いようですね。でも、私の周りの人を考えてみると、時代に関わらず、やってくれる人はちゃんとやってくれたものです。


今だってそうでしょう？

やる人はやるし、やらない人は何にもやらない。

人ってそういうものです。


ただ、やらないのではなく「やれない」という人もいるでしょう。やれなかったとしても、やりたい、関わりたいという気持ちはある。だからごめんね、という人です。

わからなくもないですが、それが許されるのは男性ばかりのようにも思います。女性が同じような態度をとったら、責める人が出てきそうです。

女性がある程度の犠牲を被るのは仕方がない、むしろ当たり前だという考えがあるなら、私は嫌です。

無言の圧力をかけるだけでは、
夫は変わりません！

心身の不調を乗り越えるには、パートナーの協力が不可欠

心の病気にまではなっていないけれど、いろいろと落ち込みがひどい。またほ、罪悪感を覚えやすいタイプの人である。そういうとき、もっとも頼りになるのは、やはり家族や気心の知れた友人など身近な方のサポートです。

実際、患者さんと接するなかで、結婚なさっている方の場合は、いつも側にある夫の存在が、女性が毎日をどう過ごすかに大きく影響するのだと感じました。

さまざまな心身の不調に悩まされた時期、夫が支えてくれたことで乗り越えられたという方もたくさんいらっしゃいます。

一方で、夫の存在そのものがストレスであり、悩みの大元であったという

方もいらっしゃいます。

大事なのは思いやりです。

周囲に目を配ることができ、相手のために動けることです。

夫がそういう人であれば、心身の不調に悩む妻の苦しみを理解し、助けてくれるだろうと思います。

夫婦の間に十分な会話があるようなら、それも救いになります。

苦しいこと、つらいことを聞いてもらえるだけでも、心は軽くなるからです。それが気のおけない相手であれば、心も開きやすいはず。日頃から自分の話を聞いてくれる、信頼できる夫になら、健康の問題についても話せるでしょう。

話を聞いてくれて、一緒に考えてくれて、どんなことをしてほしいのか思いやってくれる夫がいれば、心身の不調を乗り越えていけます。

そんなにできた夫じゃない？

そうかもしれませんね。


自分のすぐ側にあるリモコンを取るのに妻を呼びつけたり、自分の親の世話まで当然のような顔をして押し付けてきたり、自分は勝手に遊びに行くくせに妻が出かけるとなると不機嫌になったり……。

思いやりがあるとは言い難い夫に、日々ストレスを募らせている妻はたくさんいます。


おおらかでいい人だけれど、楽天的で、のんき過ぎて、あまり事の深刻さを理解してくれないという夫であっても、つらいものがあります。

優しくて思いやりのある夫だけれど、ひどく心配性で、ちょっと体調が悪い様子を見せると自分のことのように動揺したり、世話をしようと構い過ぎたりするようだと、やはり面倒です。なかには、鬱々している妻を見て、自分も鬱状態になってしまう夫もいます。

また、夫の方も、大きな案件を任されたり、役職に就いたりと、仕事での責任が重くなりがちな年齢の場合、家のことを省みる余裕がなかったり、逆に何とかフォローしようと頑張り過ぎたりして、先にダウンしてしまうこともあるのです。


面倒をみ過ぎる夫でも困るし、ほったらかしにするような夫でも困る。ほどほどにわかってもらうのが理想ではありますが、完璧を求めるのはさすがに酷というものです。

それは妻という自分の立場に置き換えたら、よくわかるでしょう。

話し合って、適当なところをわかってもらうのが一番ですね。

もっとも、何度言っても夫にわかってもらえず、すでに期待するのを諦めてしまった方もいらっしゃるかもしれません。

でも、ずっとそのままだと、余計につらくなりますよ。本当に自分が苦しいときに助けてくれる夫であってほしいでしょう？

それなら、今から育てておかなくちゃ。

無言の圧力をかけるだけでは、夫は変わりません。

思いやりある夫に育てるのは簡単ではないかもしれないけれど、今頑張っておけば、あとあと自分が楽になります。

3章

その年代に応じた
〝さまざまな変化や役割〟を
うまく受け入れるのも大切です。

まずは話を聞く。
それだけで十分なときもあります。

話を聞いてもらうだけで人は癒やされる

思春期しかり、妊娠・出産しかり、更年期しかり、女性の一生のなかで起こる体の変化、心の変化は大変なものがあります。毎月のことですが、月経も、心身ともにかなりの負担を強いられる方も多くいらっしゃいます。

そうした体の不調や、心の不調を訴えて、私のところにいらっしゃる方たちに対して、産婦人科医として私がまずやることは、その方のお話を聞くことです。

話を聞いてもらう。
心の内にあることを誰かに話す。

それだけで、心の不調はもちろん、ときには体の不調まで癒やすことがあると、私は経験からよく知っています。

もし、あなたが何らかの体の不安を感じて婦人科にかかったとしましょう。ろくに話を聞くこともせずに、「とりあえず、内診台に上がってください」と言うようなお医者さんであったなら、蹴っ飛ばして帰ってくればいいと思いますよ。

なぜなら、話を聞いてもらうことこそが、あなたに必要だからです。話すことで、癒やされる部分が必ずあるからです。

婦人科に限った話ではありません。

そもそもお医者さんだって、話を聞かなければ、あなたの不安や不調を正しく知ることはできません。知ることができなければ、適切な診療ができるはずがありません。

実際、話をしっかり聞いてもらっただけで、元気を取り戻す患者さんも少なくないのです。
私のところにいらっしゃる患者さんは、更年期の問題を抱えていらっしゃる方がほとんどであり、更年期と心の問題が切っても切り離せないという一面があることも、理由の一つではあります。

お話を聞きますよ。
何でも受け止めますよ。

そういう姿勢で向き合うことが、患者さんの心を一番和ませるようです。
たとえ、心の内をすべて話すことは躊躇があってできなかったとしても、話をするなかでほっとできる場面が一瞬でもあったら、それは患者さんの心の余裕につながります。

また、ここに来てみようかな。

ここに来れば話を聞いてもらえるんだな。

患者さんにそう思ってもらうことが大事です。

次にいらしたときには、前の話の続きからでいいのですから、ある程度はわかってもらえているという安心感もあるでしょう。心が和んでいれば、話もはかどります。

だから、私は必ず話を聞きます。

相手を癒やしたいと願うとき、まずはそこからはじめるのです。

頼れる人には、頼っていい。

カウンセラーのすすめ

もし、身近なところに心身の不調のつらさをわかってくれるような人がいない、あるいは身近な人に、とくに婦人科系の不調の悩みを話すのはちょっと……とお悩みなら、まずはお医者さんのところへ行って、カウンセラーを紹介してもらえないか相談してみることをおすすめします。

日本では、臨床心理士の資格を持つプロのカウンセラーと接点を持つことがなかなかなく、敷居が高く感じられる方もいるようですが、心配しなくても大丈夫。

カウンセラーは患者さんのお話を聞いた上で、その人をサポートしてもらうのに最適な人は誰なのか、患者さんと一緒に考えます。

夫がいいのか、親がいいのか、あるいは兄弟姉妹を頼るのがいいのか。ご友人を頼るようにすすめられることも、あるかもしれません。

カウンセラーはあなたの話をもとに、苦しい現状から一歩抜け出すための道筋を、プロの視点から導いてくれるのです。

通いなれた病院にかかるのが安心でしょうが、ある程度規模の大きい病院であれば、心理相談室に専属のカウンセラーが勤務していることも多いので、そちらを検討してみるのもいいと思います。

自宅から離れたところにしか大きな病院がない場合でも、お願いすれば近くのカウンセラーを紹介してもらえますから安心してください。心身の不調から、遠方に通うのが難しいことも十分に考えられますから、相談すれば適切に対応してもらえます。

もしカウンセラーとの接点があって相談しやすい状況であっても、体の不調もあるならば、一度お医者さんに診断してもらってからの方がよろしいと思います。

そう考えますと、内科と心療内科があるような、ある程度の規模の病院の方がかえって手間がかかりません。

内科の医師がまず診断をして、体の治療について対応しつつ、心の方も専門家のケアが必要だと判断すれば、病院のカウンセラーを紹介してくれます。

人によっては、体の不調よりも、心の不調の方が深刻な場合もあるでしょう。そんなときも、内科と心療内科が連携して対応してくれますから、不安がないわけです。

カウンセラーも、カウンセリングを通して患者さんの具合が改善されてくれば、次の対応をどうするか医師にすぐ判断を仰げます。

逆に、深刻化してしまったときに、入院の措置などをすばやくとってもらえるのも、ある程度の大きさの規模の病院にかかることのメリットといえるでしょう。

お医者さんやカウンセラーと関わりを持つということは、あなたを支えてくれる人たちが増えるということです。

あなたの苦しみがどうすれば和らぐのか。さまざまな不調から一日でも早く抜け出すために、医療をどう役立てられるのか。病院にかかることで、お医者さんはもちろん看護師さんなどたくさんの人が、あなたのためにできることを考えてくれます。

頼れる人は、多い方がいい。

遠慮せず、頼る勇気を持ってください。

八方塞がりに思えるときも、
選択肢は案外あるもの。

意外と知られていない保健師さんのこと

さまざまな心身の不調でつらい、しかし頼れる人が見つからないという場合、一つの解決法として保健所を頼るのもいいと思います。

保健所というと、最近では感染症が広まったときなどに対策を講じてくれる機関として認識されているでしょう。それも保健所の一つの役割です。地域にお住まいの方の疾病予防、健康促進、また生活環境をよくするためのさまざまなサービスを提供しています。

保健所には、規模にもよりますが、基本的には医師、保健師、栄養士といった方々が在籍されています。なかでも保健師さんは、看護師と保健師、両方の国家資格を持っており、性別や年代を問わず、人の心と体の健康を支えるのがお仕事です。

男性の体のこともちろんですが、女性の体と心についてのプロフェッショナルといえます。

簡単にいえば、思春期、妊娠・出産、更年期といった、女性の一生のなかで起こる体の変化、心の変化にとても詳しい方たちということ。また、女性の保健師さんが多いこともあって、体調や精神的な不調についてとても相談しやすいのです。


たとえば、思春期の女の子たちが体の不調を訴えたり、精神的にまいってしまって学校に行けなくなったりすると、お母さんが保健所につれてきて、保健師さんたちのケアをお願いすることもあります。

更年期についても同様です。

あなたの症状や深刻度を見て、

「気に病まないで。きっとすぐによくなるから、たとえばこういう生活習慣に変えてみませんか」

とか、

「とってもつらい状況みたいだから、お医者さんに行ってみましょう」

といった提案をしてくれます。

保健所は地域の情報にも詳しいので、お住まいの場所や更年期の症状、あなたの性格などを考慮した上で、医師やカウンセラーを紹介してくれるはずです。

「女の先生がご希望なら、ちょっとご自宅から距離があるけれど、この病院にいい先生がいらっしゃいますよ」

「近くのこの病院は男の先生だけれど、たくさん患者さん見てらっしゃるし、優しくて気持ちのいい方だからおすすめよ」

といったように、外からではなかなかわからない情報にまで精通していらっしゃいますから、とっても頼りになると思いますよ。

誰にも頼れないような、一人で苦しむしかないような気分でいても、探してみれば、頼れるところはたくさんあります。

自分の体の不調、心の不調を相談して、ご家族を心配させたくない。でも、お医者さんに行くほどではないかも……。

そんなふうに悩んでいる方など、保健師さんを頼ってみると、医師にかかる前にワンクッションおくことができるので、安心ではないでしょうか。

苦しいときには八方塞がりのように思えてしまいますが、視点を変えてみると、選べる選択肢は案外あるものです。つらいからと下を向いてばかりいないで、できることからやってみるのがいいと思います。

我慢しないで、
「つらい」と言葉にした方が、
楽ですよ。

元気そうな人の存在がつらくなるとき

とても社交的だった人が、さまざまなきっかけがあって、あるときを境に家に引きこもって、友人たちの前に姿を現さなくなることは珍しくありません。気持ちが塞いだときには、楽しいはずの友人たちとの集まりも、億劫になってしまうのです。

自分はひどく落ち込んでいるのに、友人たちが楽しそうにしているのを見ていると、余計につらくなってしまうという人もいます。元気で健康そうな友人が、妬ましくなったり、疎外感を感じたりしてしまうようです。

そんな時期もありますよ。

つらいのは事実なのだから、仕方がありません。

では、明るく前向きな友人たちが、不調に苦しむ人の支えになってくれるかというと、必ずしもそうとはいえないのです。

いい影響を与えてくれることもありますが、まったくの逆効果になることもあります。

「そんなものすぐ治ってしまうわよ」

「つらいのも今だけのことよ」

苦しんでいる友人を元気づける言葉としては、よくあるフレーズのように思います。しかし、言葉を受け取る相手の思考が、マイナスの方向へと突き進んでいるときには、

「他人事だと思って」

「ただ、つらさがわからないだけでしょ」

「どうして私だけ……」

という受け取られ方をしてしまうかもしれません。

励ますはずの言葉によって、相手の思考がますますマイナスの方向に向かってしまうことがあるのです。

今まさにとてもつらいのに、元気そうな友人に一体何がわかるのか。

私ばかりが苦しまなければいけないのは、どうして。

そういう反発が湧いてくるのでしょう。

友人との関係性や、それぞれのキャラクターにもよるでしょうが、珍しいことでもありません。

もし身近に、年齢に伴う心身の不調に苦しんでいるご友人がいらっしゃったら、むやみに発破をかけたり、

「今だけ」

「すぐよくなる」

といった、根拠のない言葉で元気づけようとしたりするのは、気をつけてください。


力になりたいと思うなら、まずは話を聞いてあげるのがいいと思います。

アドバイスをしようとか、解決策を考えようとか、元気づけてあげようなどと気負うことはありません。とにかく聞くことです。

聞いて、うなずいてあげることです。

自分がつらいときには、「とにかく話を聞いてほしい」とお願いしてみたらいいと思います。

つらい気持ち、つらい症状を吐露することで、人は少なからず癒やされるものです。

更年期は、
その先の人生を生きていくための
大切な準備期間。

更年期とうまく付き合っていくには

年齢とともに訪れる女性の不調の代表格といえば「更年期」。

更年期は、女性が閉経する前の五年間、そして閉経してからの五年間、合わせて約十年間のことを指します。

更年期と思われる症状が現れる年齢には、個人でばらつきがありますが、四十五歳くらいが一つの目安といっていいでしょう。

更年期は、女性の一生において避けては通れない時期のことであり、とても自然な女性の体の変化にすぎないのですが、あまりいいイメージがないようです。

女性ホルモンの量が大きく変化するため、心身に不調が現れやすいという一面があるからでしょう。ただ、生理学的な卵巣の働きの低下などの影響が、体に強く出る人と、あまり出ない人といます。

また、更年期になる時期というのは、老眼になったり、白髪が増えたり、身体的な衰えが目に見える形で現れます。若さが失われ、女性としての魅力も失われていくように感じられて、悲観的になる気持ちもわからなくはありません。

今まであったものが失われることへの喪失感から、心に不調を生じさせる人もいるのです。

でも、違うのです。

更年期は、人生の次のステップへと進むための大切な準備期間。

思春期が子どもから大人への過渡期であったように、更年期も年齢が変わることによって生じる過渡期の一つであり、女性の体にとっては当たり前に起こる症状なのです。

若いうちは生き生きとしていた体も、更年期になると女性ホルモンが減ってしまいます。今まであったものがなくなってしまえば、体に変化が起こるのは当然です。

それでも、何とかうまく生きていくにはどうすればいいのか。変わった状況に、どうやって合わせていけばいいのか。心と体が自分自身を調整している段階です。

たとえば、人が死ぬとき、事故などで突然亡くなるというのでなければ、たいていはどこか体に問題が出てきたり、病気になったり、その症状がだんだんひどくなったり、「死ぬかもしれない」と思わせるような変化が、少しずつ出てくるはずです。

女性の体は思春期を迎え、その後人によっては妊娠、出産を経験します。育児もあります。そうやって体は常に変化していきます。

更年期も、それらと同じ流れのなかにあるものの一つ。

自分自身の体が、その後の人生を過ごしていくために変化を必要としているときなのです。

しかし、そうとわかっていても、アクティブだった体に起きはじめた老化現象に焦点を当ててしまうと、きっと誰でも落ち込むでしょう。

一方、これで自分の体は次のステップに進むのだと、前向きに受け止めることができれば、必要以上に落ち込むことはないはずです。

「不調」を軽く考えないで。

年に一度の健康診断は欠かさずに

女性であれば、更年期は誰であっても避けられないもの。

だからといって、誰にでも起こることなのだから耐えるべき――という考え方をしてほしくはありません。

更年期は女性の誰もが通る道ではありますが、みんながまったく同じような症状を体験するわけではなく、人によって体の変調はさまざまです。

具体的な症状としては、「ほてり」「発汗」「動悸」「冷え」「めまい」「腰痛」「頭痛」「むくみ」「頻尿」「性交痛」などが挙げられます。

軽い症状で比較的あっさりと乗り越えてしまえる人もいれば、起き上がれないほどつらい症状に悩まされる人もいます。

後者の場合には、適切な治療が必要です。

どんな症状も「更年期」とひとくくりにされがちですが、非常につらい更年期もあれば、いつまでも長引くもの、たいしてひどくないものまで、いろいろとありますから、躊躇せずにお医者さんに相談しに行ってほしいと思います。


更年期の症状を和らげるための処置は、病院で受けることができます。ひどい場合には、継続して治療を続ける必要もあります。

相談するのは、内科でも婦人科でも構いません。通いなれた病院で、顔見知りの先生にご相談されるのがいいですよ。話しやすいですからね。


でも、あまりのつらさにお医者さんのところへ相談にいったとき、

「更年期は誰にでも起こることですから、様子を見ましょう」

などと言われてしまったら、別のお医者さんに相談に行ってください。

その先生はきっと、更年期についてあまり詳しくない方です。

気をつけたいのは、更年期の症状だと思い込んでいた体の不調が、実は別の病気のせいで起こっていた、というケースがあることです。気づいていなかった病気が隠れている可能性があります。

正しくない知識、聞きかじっただけの不確かな情報で、「これは更年期なのだから我慢するしかない」と、思い込まされている人もいるでしょう。

どうにも疲れやすいため、更年期の症状かもしれないと診察を受けたところ、月経の出血量が多すぎて貧血状態になっていたという方もいました。

そういう側面もありますから、やはり更年期の症状を甘く考えてはいけないと思うのです。この方は、貧血の治療をしたことで、更年期と思われていた症状もなくなり、すぐに元気になられました。

更年期に差し掛かる年代であり、かつ更年期と思われるような症状が出たとしても、軽く考えず、一度病院にかかって医師の診察を受けることをおすすめします。

症状がひどかったり、生活に支障が出たりするようなら尚更です。

更年期に入ったことによる体調不良を疑って医師に診てもらうときには、月経や基礎体温の記録、また月経周期や経血の量についての記録をとっておくと、医師も診断しやすくなるはずです。

一、二年に一度の健康診断を継続して受けることで、定期的に子宮の検診をしてもらっておけば、なお安心でしょう。

気に病まないのが、一番の薬です。

つらい時期は、必ず終わるので大丈夫

更年期をどう過ごせばいいのか。
それは人によって違います。

長年、更年期に悩む患者さんと接してきた私ですが、その人の性格や育ってきた環境、周りにいる人たちによって、更年期の症状は良くも悪くもなる一面があるように思います。

症状が多少あっても、「あら、これはきっと更年期だわ」とけろっとしている人もいれば、ほんのちょっとでも体がつらくなると、すっかりしょぼくれて、心までつらくなってしまって、「私はもうだめだわ」とひどく落ち込んでしまう人もいます。

繰り返しになりますが、更年期とは、次のステップに進むための準備期間なのです。

この準備期間がどれほどかかるかは人によって異なり、長く続いてしまう人もいれば、知らないうちに終わっている人もいます。

期間をできるだけ短くしたいのなら、あまり気に病まないのがいいんじゃないかと思います。

体の衰えや、失われていく若さを嘆いても、誰にもどうすることもできません。それに、今は体の不調があるかもしれませんが、いずれ更年期の期間は終わるのです。

だって、思春期はどうでしたか？

いつの間にか終わっていましたよね。

更年期もそうです。

たしかに、軽い症状が長く続く人もいますし、はじめはひどくてもすっと治ってしまう人もいます。病院にかからず、いつまでもひどい状態のまま苦しみ続ける人もいます。

更年期についての正しい知識を知っているかどうか、体の面のケア、心理面のケアを適切に対処できるかどうかによっても、状況は変わるでしょう。医師との相性もありますし、どんな薬を処方されるのか、どんな治療を施されるかによっても違ってきます。

家族のサポートがどれだけ受けられるかも重要です。周囲の理解がなければ、誰もわかってくれないのだと、孤独を深めていくことになってしまうかもしれません。

たとえば、自分の母親が明るく前向きな人で、更年期の症状もあらあらといった具合にあっけらかんとやり過ごしたとしましょう。するとそれを見ていた娘も同じように、さほど苦しむことなく更年期を切り抜けられてしまう、というのは、実際によくある話です。

みんながそうできればいいのですが、育った環境や自身のキャラクターは選べませんから、自分にできるよりよい道を模索することが必要でしょう。

でも、楽になるときが必ずきます。
更年期には終わりがあります。
そして、気持ちを明るく、軽くしておいた方が、その日は早く訪れます。

更年期だからこそ、
お医者さんを頼ってほしい。

気持ちを明るく持とう

気持ちを明るく、軽く。

更年期を乗り切るためには大切なことです。

けれど、更年期の症状が現れやすい四十五歳前後というのは、何かと悩み事が尽きないものです。

お子さんがいらっしゃれば、まだまだ目が離せなかったり、受験や反抗期といった悩みを抱えることも多いはず。親の介護がはじまったり、仕事で重要な役割を担ったりする時期でもあるでしょう。体調は悪くなろうと、日々の暮らしはそのままにあるのですから、生活にまつわる悩みは避けられません。

それにどう向き合うかというところが、心の疲れを溜め込まないためのポイントになるだろうと思います。

一つ言えるとしたら、たとえば体がつらくて、ときには気持ちが滅入って、家事や仕事などが手に付かない日があったとしても、あまり気にしないことです。

更年期の時期には、これまで当たり前にできていたことが、できなくなってしまうこともあります。お夕飯を作るのが億劫だったり、お掃除する気力がなかったりする日もあると思います。

そうなったとき、真面目な方ほど、ひどく罪悪感を覚えるようです。家のことやお子さんの世話など十分にできないことを、涙を流して悔やむ方もいらっしゃるほどです。

でも、悔やむことはないのです。
自分ですべてを抱え込む必要はありません。

誰かの助けを借りたらいいと思いますよ。

つらいときは助けてもらおう。

意識的に、そういう考え方を持つようにしていきましょう。


人間、誰だって年を取ります。

くよくよしがちな人は、いずれ何かとできなくなることを前提に、備えておくのも一つの方法かもしれません。

たとえば出産をするときに、この子が十歳になったら自分は何歳になるのか、二十歳になったとき自分はどれくらい元気でいられるのか、先のことを考えてみたらいいと思います。

更年期にさしかかるころ、この子はいくつぐらいで、どんなことができるようになっているだろうかと想像してみるのです。自分の体はそのときどのくらい適応できるのか、できなくなることがあるのではないかと、考えてみます。

できなくなったときどう対応するのか、パートナーにどの部分を頼れるのか、事前に話し合っておいた方がいいことはないか、考えてみます。

更年期も、備えあれば憂い無しです。


あとは、気持ちを明るく、軽く持っておいてほしいと思います。「今日くらいは、いいじゃない」と、あとのことは家族に任せてさっさと布団に入ってしまうくらいの方が、深刻化しません。

また、体だけでなく心の疲れからくる不調も、医師に相談して治療を受けることで、よくなることも多いのです。ひどい場合は鬱状態になる方もいらっしゃって、これは病気ですから、必ず医師の診断を受けていただきたいと思います。

4章

私の開拓者としての道のりは、
第一線を退いた今も、
まだまだ続いています。

ベストでなくとも、ベターで十分。

ベターな状態で予後を生きていく

心身ともに健康で、幸せな日々を過ごすために大切なことはいくつもありますが、その一つが、目的や役割を持つことです。

目的や役割というと、仕事とつなげて考えがちですけれど、仕事はあくまで私の一部分ですから、「人間として」という意味です。

妻であり、母であり、子であり、兄弟姉妹であり、社会人でもある。

そうした自身をとりまく人間関係のなかで、自分という人間が、人として持っていたい目的と役割を考えてみるのがいいと思います。

たとえば、子育てに一生懸命だったお母さんは、子どもが巣立ち手が離れた時期に更年期が重なると、とたんにがっくりきてしまうことがあります。

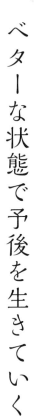

子どものお世話をすることに生きがいを感じてらしたのでしょう。

でも、子育てとは、子どもが育つのをお手伝いするだけであって、決して自分のためにやるわけではありません。子どもが立派に育って、独り立ちしてくれたのはとても幸いなことで、お母さんとしてのお手伝いも実を結んだのですから、いいじゃないですか。

その子らしく個性を伸ばして、この先もますます幸せになれるようにと願うのであれば、そのために親としてできることを、あらためて考え直してみればいいと思います。

その一つには、間違いなく「親の健康」があるでしょう。

私も親として、子どもに面倒をかけないように、健康を保つための適度な運動や、適度な食事を心がけるようにしています。

年を取れば、体にも心にもいろいろな不調が起こるのは、ある程度は仕方がありません。更年期の不調だって仕方のないこと。

ただし、不調は不調だけれど、どうにもならない最悪な状態というよりは、ベターな状態でありたい。私はそう思いますし、それくらいの気持ちでいいんじゃないかしらと思います。


完璧を目指してしまうと大変ですからね。

けれど、そこそこ健康でないと誰かしらに迷惑がかかる。

ベストでなくてもベターな状態で、予後を生きていきましょう。


そして、できることなら周りの足を引っ張り過ぎるような存在でいたくありません。むしろ、プラスになるような、周囲にいい気分でいてもらえるような存在でいたいと思っています。

一歩引いて見守るとか、黙って後ろから支えてあげるとか……。

仕事でも家庭でも、これまでのように最前線ではいられなくなるでしょうけれど、それでいい。

その年代に応じた生き方の変化というものを受け入れて、上手にこなしていきたいものです。

バランスよく体を使う。

フェルデンクライス体操のすすめ

健康のためには何をすればいいいか。

もちろん、要となるのは運動と食生活です。

毎日生きているのに、何も運動しないでパクパク食べて、寝そべってテレビを見ながら生活していたら、使わなくてはいけない体の部分をちっとも使えないでしょう。

全身を、バランスよく動かすことが、健康維持のために必要なことは言うまでもありません。

私は長年水泳をしてきましたが、最近は夫と二人でトコトコお散歩に行くのを日課にしております。

あまり気負わず歩いていって、くたびれたら電車やバスなどに乗って帰ってくればいい。幸い、自宅近辺にはおもしろい場所や風景がたくさんありますので、飽きずに歩いていられるのです。

夫はいつも万歩計を身に着けているのですが、一日家のなかで過ごしてしまうと、多くても一五〇〇歩くらいしか歩かないのだそうです。でも、お散歩に行くと周りの環境がいいのでついつい歩けてしまって、いつの間にか五〇〇〇歩くらいになっているといいます。

それから、二週間に一回くらいの頻度で、フェルデンクライス体操の集まりに参加しています。

フェルデンクライス体操とは、ユダヤ人の物理学者モーシェ・フェルデンクライス博士によって考案されたものです。

フェルデンクライス博士は、自身の科学者としての洞察力と、広範な学術的知識、そして体と心への深い関心を通して、心地いい体の動きが脳を活性化するという事実を発見しました。

そこで博士は、体の動きを通して自分の可能性に気づき、よりよい生き方を目指す自己開発型の学習法「フェルデンクライス・メソッド」を確立したのです。

これが一九四〇年代のことですから、大変歴史のあるメソッドでもあります。

フェルデンクライス体操は、とてもゆっくりと、無理のない範囲で動くので、私のような年齢の者でも負担なく行うことができます。

自然な呼吸のリズムで、全身に注意を向けながら動くことによって、脳神経系に働きかけ、脳と筋肉と骨格のしなやかな連携と、心地いい体の動きに気づくことができます。

このように動きましょう、という基本はありますが、他の人とまったく同じように動く必要はありません。

なぜなら、人それぞれ体は異なるものだからです。大きさも、形も、その人が心地いいと思う動かし方にも違いがあります。

体操では、今どの筋肉を動かしているのか、常に意識しながら動きます。すると、自分の体のどの部分が、どの筋肉で支えられているのか、背骨や骨盤がどう動いてくれているのか、わかるようになっていきます。

そうして体を意識しながら、同じ動きを何度か繰り返していくうちに、自分の体が心地いいと感じる動きを脳が見つけ出し、自然と心地いいやり方で動くようになっていく。

これを続けていくことで、高次元な質の高い動きを学ぶことができます。

仰向けに寝そべりながら動いたり、座ったままで行ったりする動きが多いですから、初めての方でも無理なくできるのもいいところです。

とっても気持ちがいいから、うっかり居眠りしてしまうこともあるんですよ。

日常生活のなかでは、十分に使うことのできない筋肉まで動かすことができるので、体にとってもいいのです。

同時に、フェルデンクライス体操を続けると、日常の動きが変わってきます。

取りにくい後ろの物を取るなら、こういう動きをした方がいい。しゃがんだ姿勢から立ち上がるなら、この筋肉を使うのがいい。そうしてバランスよく動く方法に、脳が気づいてくれるからです。

年を取れば取るほど、バランスよく体を使うように意識して過ごさなければ、体はみるみる衰えていくでしょう。

だからといって、激しい運動をする必要はないですし、できるものでもありませんから、自分に合った方法を見つけて、できることからはじめてみるのがいいかと思います。

無理なく続けられるものであれば、尚いいですね。

朝ごはんは夫の担当。
夕食は私の担当。
いくつになっても負担は半分ずつです。

四十五歳こえたら一日二食で十分？

我が家はさほど食生活に気負ってはいませんけれど、四十五歳をこえたら一日三食は食べ過ぎのよう……。

朝と晩だけいただくようにしています。


ちなみに、朝ごはんは夫の担当。

今にはじまったことではなくて、子どもたちがまだ学校に行っていたころから、夫が作ってくれていました。当時は仕事もありますし、あまり時間をかけないようにパン食にして、パンに合わせた目玉焼きなどのおかずを用意してくれていました。

それが今でも習慣として残っているのです。

夜ごはんは私の担当ですけれど、二人とも好き嫌いがあまりありませんから、献立に困らなくて助かっています。気をつけるのは、なるべくお野菜をいっぱい食べるようにすることくらいです。

それから、冷蔵庫のなかにあるものは、できるだけ早く使い切るようにしています。残り物の野菜はまとめてミキサーにかけてポタージュにしてしまえば、栄養の面でも、献立の面でも満足できて一石二鳥です。

いろいろな種類のお野菜を食べたいので、昨日食べたものは避けて、今日は別のものを選ぼう……という献立の立て方をすることもあります。

油ものはあまり食べませんし、手間のかかるものも避けます。

天ぷらや、焼き鳥、中華料理など、外に食べにいった方がうんとおいしくいただけるものは、作ってまで食べなくてもいいですものね。

やりたいことをやれるのは、
やらないこともたくさんあるから。

「自分は何をしたいのか」を知ることが大事

年を取って仕事から離れたり、子どもが完全に自立してまったく手がかからなくなったりしたとき、自分はどうしたらいいのかと戸惑う人がいます。担っていた役割が急になくなってしまって、慌てるのです。

しかし、それは単純なことで、周りが自分の手から離れたのなら、自分は自分のしたいことをすればいいと思いますよ。

まずは「自分は何をしたいのか」をはっきりさせておきましょう。

目的がはっきりしなければ、目的に向かって努力することはできないし、努力なしに成し遂げることもまたできません。

大事なのは努力をすることで、その結果として効果が現れます。効果が現れれば、自信も湧いてきます。

この仕組みが心の回復に効果的なのは、いくつになっても同じです。

先にも書きましたが、私は体作りのために長年水泳を続けてきました。

ところが、通っていた近所のプールがコロナ禍の影響で閉まってしまったため、水泳を続けることが難しくなりました。

だから、散歩に切り替えたのです。散歩も楽しく、はかどるし、景色を眺めながら歩くのは苦にならないから、続いています。

「運動は面倒」という方も多いかもしれませんが、つらいのを我慢して、少しでもやっておきましょう。いくつになろうと体を動かすことは必要です。

その他、趣味でバイオリンも習っています。英語も勉強しています。フェルデンクライス体操もやっています。

仕事は第一線を退きましたが、月に二回ほど病院に出て、みんなとの交流や更年期の患者さんのお話を聞く診療を続けています。

一方で、やらないこともたくさんあります。

夫のことは必要以上に構いませんし、それぞれができることをやります。家のなかは最低限清潔であれば、完璧に整っていなくても気にしません。夫に任せて朝ごはんも作りません。家事もそこそこです。

要するに、自分のやりたいことの重点をどこに置くか。これがわかっていなければ、努力は空回り、結果を出せずに苦しみます。

これまで子育てに重点を置いてきたなら、子どもが巣立ったあとは、別の位置に重点を動かす必要があります。

夫の世話でもいいし、仕事でもいいし、自分磨きでも構いません。やりたくてもやれなかったことに、挑戦してみるのもいいと思いますよ。やって楽しいことがいいでしょう。

楽しければ、心身のちょっとした不調などすぐに軽くなります。楽しいと思う時間が生まれることで、緊張が和らぎ、気が軽くなって、迷う心の助けになってくれます。

曲がり角を見つめる。

後ろ向き思考にストップをかける方法

悪い方に、悪い方に、考え過ぎる人がいます。
年を取ると、体がうまく動かなくなったり、思考が追いつかなくなったりして、余計に後ろ向きになる人が増えてくるという面もありそうです。

みんな年を取るんです。
自分だけじゃない。

もっとも、それが自分の老いに対する悲観的な考え方を慰めてくれるかというと、そうは言えないと思います。自分の衰えは目の前にある現実ですし、それを残念に思ったり、虚しい気持ちになったりすることは誰にでもあるでしょう。

失われたもの、衰えたものばかりに思いを馳せていると、落ち込みますから、今あるもの、これまで成し遂げてきたことに注目してみたらどうでしょう。

まだこんなにできる。
今までに、これだけのことをやり遂げてきた。
そういうものを見つけて、盛大に自分を褒めてあげたらいいと思います。

家族のために、日々のおいしいごはんを作ってきた。
動きは鈍くなってきたけれど、今日もお掃除できた。
忙しい合間をぬって、何十年も、体作りの運動を続けてきた。
今日は六千歩も歩いた。

何でもいいのです。少しでも頑張ったことなら、いっぱい褒めましょう。人に褒めてもらう方がいいのですけれど、自分で自分を褒めることで、自分のよさに気づき、自信につなげていくことができるなら十分です。

もし、あなたの家族や友人に、自信を失って落ち込んでいる人がいたら、同じように小さな成果や努力を見つけて、大げさなくらいに褒めましょう。「こんなの大したことない」と謙遜する人には、本当はどれだけすごいことなのか、あなたがどれだけ感動しているか、教えてあげてください。

それでも、なかなか前に進み出せないときには、立ち止まってみましょう。
どうしてこうなってしまったのか。
いつ、どこから、何をきっかけに今が決定したのか。
もし、別の道を選んでいたら……？
そんなふうに、過去の曲がり角をちょっと見つめてみてください。

後悔するのではなく、ただ振り返るのです。

振り返りを、夫や友人、カウンセラーなどに聞いてもらうのもいいいと思います。


いいも悪いもない。

振り返るだけです。

過去の曲がり角を見つけて、振り返ってみると、今の状況など案外何でもないことのように思えてくるものです。

朝起きて、
「今日も生きている」と思う。
そういう日常です。

先のことを心配するより、今の楽しみを味わう

私はもう九十歳を過ぎましたけれど、この歳になっても少し前まで、女学校時代のお友達とクラス会なるものをやっていました。

以前は小学校のクラス会もやっていて、我が家はみんなが集まるのにちょうどいい場所にあるので、会場にはうってつけだったのですが、来られない人の方が増えて、数年前からやらなくなってしまいました。

そのうち女学校時代のクラス会も、ぼちぼちと来る人が減るようになりました。

体を壊して来られなくなった人もいますし、亡くなられた方もいます。

体の不自由なクラスメートの娘さんが一緒に参加して、自分の親だけでな

くみんなのお手伝いをしてくださったりということもありました。

参加する同級生の様子もさまざまです。

一人勝手にしゃべり続けるような呆けた人もいますし、まだまだ元気に張り切っている人も、眠ったように静かに座っている人もいます。

それでも、若いころから知っている人たちの顔を見る機会があるのは、本当に幸せなことです。


九十も過ぎれば、そんなものです。

朝起きて、「ああ今日も生きている」と思う。

夫の顔を見て、「今日も二人で過ごせそうだな」と思う。

それが普通のことですもの。

だって、目覚めないことがあったって、大しておかしくない年齢でしょう。


だからといって、目覚めないかもしれないことを、恐れたって、心配したたって、仕方がありません。

気に病むだけ損です。

今できることがあって、それがとても楽しいなら、まずは目の前のことにめいっぱい集中しないと、もったいないと思いますよ。

あとがき

人は生まれたその瞬間から、その命が時を刻みはじめます。

時間は戻りません。ただ進むだけです。

時間の進みは、若いときには「成長」と呼ばれ、年を取るほどに「老化」と呼ばれるようになります。

どちらにしろ、時が進むスピードは同じです。


今、私は九十歳をこえて生きています。

なるべく長く、健康に生きていられたらいいなと思いますけれど、この歳になってできることといったら、適度に体を動かしたり、健康にいい食事を心がけたりすることくらいでしょう。

あとは、年に一回くらいの健康診断を欠かさないこと。

それから、少しでも調子が悪くなったら、病院に行くことも大事ですね。いざというとき困らないように、何でも話せるいいお医者さんを見つけておくと安心です。

そうした日々のなかで、家族と話をしたり、ときにはお友達や知り合いの方とおしゃべりをしたりすれば、気持ちも落ち着きます。

時間はたっぷりあるでしょうから、あとは体力の余裕があるなら、趣味をたしなんだり、本を読んだり、外に足を伸ばしてみたりするのも楽しいですよ。

さらに言えば、私はこの歳になっても、診療はもちろん、本書の執筆のような、産婦人科医としてお仕事の面でお役に立てる機会をいただけるのですから、こんなにうれしいことはありません。

ただ、だからといって、すべてをやらなくたっていいんです。

やりたくないことは、やらなくていい。

私は頑張り過ぎません。

部屋のすみにホコリがあっても、今日はちょっと面倒なら、見ないふりしておきましょう。

どんなに親しい相手であっても、お話する気にならない日も、きっとあります。

お料理する元気がなくて、お惣菜を買ってくる日があったって、いいではないですか。

だって、これまでたくさん頑張ってきたでしょう。

女性として、妻として、母として、社会人として、懸命に生きてきたでしょう。

だから、ときには怠けたって、休んだって構わないはずです。

逆に、もっともっと何かをやりたいという気持ちに満ちあふれているなら、どんどんやってみたらいいと思いますよ。

それこそ、「女のくせに」「いい年をして」なんて眉をひそめる人がいたら、知らんぷりしてください。

人様に迷惑をかけるのでなければ、あなたの進む道は、あなたが作っていけばいいのです。

結局は、あなた次第。それでいいと思います。

それが、「あなたがあなたを大切にする」ということなのだと思います。


人生において「女だから」という理由で道を阻まれたとき、それでも私は自分のやりたいことがしっかりとわかっていましたから、道を見失うことはありませんでした。

やりたいことをやれる方法を探していたら、いつの間にか新しい道を切り開いていた、という言い方が正しいかもしれません。

女性だからこそ進める道があり、女性だからこそできることがあったのだと、言い換えることもできると思います。

私だからこそ、選べた道もあったでしょう。
それはつまり、あなただからこそ切り拓ける道もきっとあるということ。
あなたがこれからの日々を、あなたらしく過ごせることを願っています。

産婦人科医
堀口雅子

著者紹介

堀口雅子（ほりぐち・まさこ）

産婦人科医。

1930年東京生まれ。群馬大学医学部卒。

一般社団法人性と健康を考える女性専門家の会名誉会長。


東洋英和女学院高等女学科在籍中の15歳のときに終戦をむかえる。

その後、東京薬学専門学校女子部に進学し、薬剤師となり、東京大学薬学部にてホルモンの研究を始める。

女性と男性の違いを生物学的に研究する中、「やはり医師になりたい」と、東京理科大学医学進学コースを経て、群馬大学医学部に進学。東京逓信病院で1年間のインターンを経験したのち、女性で初めて正規医員として、東京大学医学部産婦人科学教室に入局。

長野赤十字病院他を経て、虎の門病院産婦人科医長。

現在も月に2回、女性成人病クリニックにて診療を続けている。

2003年エイボン女性年度賞の功績賞を受賞。

夫は産婦人科医で元愛育病院院長の堀口貞夫氏。

自分《じぶん》をもっと大切《たいせつ》に

――91歳《さい》現役《げんえき》産婦人科医《さんふじんかい》が「医師《いし》として」「人生《じんせい》の先輩《せんぱい》として」伝《つた》えたいこと　〈検印省略〉

2021年　3　月　28　日　第　1　刷発行

著　者――堀口　雅子（ほりぐち・まさこ）

発行者――佐藤　和夫

発行所――株式会社あさ出版

〒171-0022　東京都豊島区南池袋 2-9-9 第一池袋ホワイトビル 6F
電　話　03（3983）3225（販売）
　　　　03（3983）3227（編集）
F A X　03（3983）3226
U R L　http://www.asa21.com/
E-mail　info@asa21.com
振　替　00160-1-720619

印刷・製本（株）ベルツ

facebook　http://www.facebook.com/asapublishing
twitter　http://twitter.com/asapublishing

ISBN978-4-86667-263-2 C0095